LETTRE AU PRÉSIDENT
DE LA RÉPUBLIQUE
SUR LES CITOYENS
EN SITUATION DE HANDICAP,
À L'USAGE DE CEUX QUI LE SONT
ET DE CEUX QUI NE LE SONT PAS

Julia Kristeva
professeur à l'Institut universitaire de France,
psychanalyste et écrivain

Lettre au Président de la République sur les citoyens en situation de handicap,

à l'usage de ceux qui le sont
et de ceux qui ne le sont pas

Fayard

SOMMAIRE

Monsieur le Président de la République,

Permettez-moi de m'adresser à vous sous la forme d'une lettre, plutôt que sous celle d'un froid rapport, pour vous faire part de mes observations sur le handicap, dans le cadre de la mission que vous avez bien voulu me confier. Compte tenu du délai relativement court qui sépare l'audience que vous m'avez accordée le 15 octobre dernier et la date du 3 décembre 2002, *Journée internationale des personnes handicapées*, c'est cette forme qui s'est imposée à moi, et elle pourra encore être développée ou étayée ultérieurement, si nécessaire, grâce à d'autres données et propositions.

I

UNE NOUVELLE PHILOSOPHIE POLITIQUE

En déclarant le handicap troisième « grand chantier » de votre quinquennat, vous faites beaucoup plus que donner un nouvel espoir aux personnes en situation de handicap, ainsi qu'à leurs familles et aux soignants qui les accompagnent. Vous inscrivez dans le projet politique une dimension que chacun est en droit d'attendre de la République française, quoiqu'elle disparaisse trop souvent sous le fardeau de la gestion technocratique à laquelle se réduit, hélas, l'action politique dans le monde moderne. C'est à une réflexion sur le *sens de la vie* que vous invitez la communauté nationale, et à une refondation du pacte démocratique, conçu désormais, dans la perspective de ce chantier, comme une *citoyenneté partagée.*

Cette élévation, cette inspiration que je n'hésite pas à qualifier de destinale, est dans le droit-fil de l'esprit des Lumières et se lisait déjà dans la législation républicaine (dans la Loi d'orientation du 30 juin 1975 en faveur des personnes handicapées, en particulier). Elle n'en est pas moins perçue et attendue comme une étape nouvelle, nécessaire pour donner l'impulsion décisive qui permettra à la France de rattraper son retard en ce domaine – par comparaison avec la situation qui prévaut en Belgique, aux Pays-Bas, en Suède ou au Canada notamment –, et de réaliser enfin, avec les citoyens handicapés, un accompagnement d'un type nouveau, personnalisé, apparaissant d'ores et déjà comme une *troisième phase* dans l'histoire moderne de l'humanité confrontée au handicap.

1.

La première phase de cette histoire moderne du handicap a été ouverte, à mon sens, par les *philosophes français des Lumières.* Tandis que le « corps infirme » inspirait alors dans les différentes cultures une horreur sacrée, assortie de superstitions et de magies, certaines civilisations le protégeant (telles les lois de Manu en Inde : « Les enfants, les vieillards, les pauvres et les malades doivent être considérés comme les seigneurs de l'atmosphère »), d'autres le supprimant (telle Sparte), au contraire et sur fond d'égalité des droits de l'homme, Denis Diderot, dans sa *Lettre sur les aveugles à l'usage de ceux qui voient* (1749), démontra les capacités de ces « infirmes » et réhabilita de fait la personne déficiente comme sujet politique. La voie était ainsi ouverte à l'éducation et aux développements des techniques éducatives, étant entendu qu'il n'y a d'infirmité que par défaut d'accès aux capacités particulières des personnes concernées. L'œuvre de l'abbé de l'Épée à destination des sourds, celle d'Itard pour les arriérés, celle de Pinel pour les malades mentaux participent – on l'a maintes fois rappelé – de cette ouverture. Réservée à une minorité, limitée par l'enfermement dans des institutions et par la contrainte à la scolarisation, cette approche dut néanmoins s'affronter à une opinion archaïque, qui devait largement et longtemps perdurer, selon laquelle les infirmes sont des sous-humains, voire des monstres intermédiaires entre l'animal et l'humain. Elle se retrouve jusque chez des esprits éclairés, tel John Locke au XVIIe siècle ; pourtant, sous la plume de Shakespeare, Hamlet s'insurgeait déjà, au XVIe siècle, contre cette « opinion globale » qui s'acharne à noircir « une humeur excessive qui brise les palissades de la raison », « quelque habitude » ou « un défaut de naissance dont on n'est pas coupable ».

2.

Bien que, jusqu'à la fin du XIXe siècle, la tendance demeure au confinement des infirmes dans l'assistance et la mendicité, le développement de la technique, avec l'industrialisation et les accidents du travail, d'une part, l'extension des guerres et leurs victimes à l'échelle mondiale, de l'autre, ainsi que la marche en avant de la démocratie, transforment progressivement l'infirmité en objet de *responsabilité collective*. Telle est la deuxième phase dans l'histoire du handicap : il est reconnu que la personne en situation de handicap requiert *la solidarité de la communauté nationale et l'implication de l'État*. L'infirme réintègre la société et accède au statut de sujet de droit, sur les plans aussi bien politique que social.

Ce progrès inouï est cependant freiné par le modèle médical, foncièrement binaire, qui définit plus ou moins implicitement la personne handicapée, y compris dans les législations les plus généreuses à avoir vu le jour au cours de cette seconde phase. La personne handicapée est, selon ce modèle, un individu frappé de déficiences et porteur de besoins face à une société dotée de pouvoirs médicaux, économiques et juridiques. Cette approche mécanique met face à face deux espaces nettement séparés, voire fracturés – l'individu/la société –, qu'elle tend à aménager grâce à une pensée numérique manipulant des couples antagoniques comme aptitude/inaptitude, participation/assistance, citoyenneté active/citoyenneté passive, justice/injustice, etc.

S'ajoute aux pesanteurs qui ont, si j'ose dire, « handicapé » cette deuxième approche, la résurgence d'un darwinisme social souvent lié à l'idée de dégénérescence. Se greffant sur un inconscient religieux qui remonte à l'idée d'une « prédestination divine », d'une part, et, d'autre part, à celle d'un *beate vivere* réalisable ici-bas dans la facilité, la jouissance et l'excellence, cette tendance prône un modèle social de la « réussite » et de la « performance » ; elle exalte les forts et élimine les faibles. Ou du moins, et dans le meilleur des cas, la charité aidant, elle écarte les personnes en situation de handicap de la communauté citoyenne et les isole comme purs *objets de soins* dans la marge d'une minorité assujettie et irrécupérable. Tous les handicaps sont concernés par ce rejet plus ou moins conscient et explicite, mais surtout les handicaps mentaux. Ayant déjà abouti à une hiérarchisation des ethnies et des « races », ce darwinisme social tend à soumettre les « anormaux » aux critères de la rationalité de l'« homme blanc », sommet de l'évolution, et à les couper de l'espace citoyen dans lequel, par ailleurs, les inégalités sociales cristallisent autant de peurs que d'hostilités, lesquelles ne font que favoriser les ostracismes à l'encontre des étrangers et des « étranges ».

Enfin, la centralisation jacobine propre à l'administration française conduit souvent, bon gré mal gré, à un traitement « fonctionnarisé » des citoyens handicapés, éloigné de la « base » et de ses problèmes spécifiques, et qui, à l'extrême, réduit ces personnes à n'être que des « machines en panne » qu'il conviendrait de « réparer » – au « moindre coût », bien sûr !

Comme pour remédier à ces abus et développer une approche spécifique du handicap, de multiples associations ont vu le jour, au fil des années et jusqu'à aujourd'hui, qui se partagent le suivi des handicapés, en France, souvent plus activement et efficacement que ne le fait l'État. Mais les avantages évidents de cette gestion d'« en bas » comportent aussi leur envers : des « pouvoirs autonomes » s'emparent des crédits, des postes et des ressources humaines locales ou régionales mobilisées par leurs soins, sans nécessairement suivre l'évolution des mentalités, des connaissances et de l'intérêt général. Cette situation vient s'ajouter aux multiples motifs de la complexité sinon du retard français en ce domaine, par comparaison avec d'autres pays.

C'est contre ces obstacles culturels et administratifs que la Loi de 1975 se dresse courageusement en affirmant la responsabilité nationale, en engageant efficacement la part sociale dans la condition des handicapés, et en ouvrant la voie à des rééducations différenciées. Le rapport de François Bloch-Lainé qui l'a précédée, les efforts très personnels de Mme Simone Weil et de vous-même, Monsieur le Président, ont fait de cette Loi un atout majeur dans la défense des droits des citoyens handicapés dans notre pays.

L'évolution de la démocratie, de la connaissance et des mentalités devait conduire à la réflexion de fond menée aujourd'hui par des politiques et des spécialistes, visant à proposer une réforme de la Loi de 1975 ou son remplacement par une nouvelle législation. Le « Rapport d'information sur la politique de compensation du handicap », réalisé au nom de la commission des Affaires sociales du Sénat et présenté par M. le Sénateur Paul Blanc (annexe à la séance du 24 juillet 2002), constitue une contribution majeure à ce projet. Cette publication, qui a retenu tout mon intérêt, jouit, à ma connaissance, d'un accueil chaleureux de la part des intéressés. S'y ajoute la récente enquête de l'INSEE sur *Handicap, incapacité, dépendance* (HID), menée auprès des personnes vivant en domicile ordinaire en 1999 (elle a été publiée en septembre 2002) ; elle recense 12 millions de Français souffrant actuellement d'un handicap : 5,5 millions d'entre eux se déclarent « handicapés », et 2,3 millions perçoivent une allocation. Pour la première fois, en se fondant sur une approche plus sociale que médicale, mais sans quitter le champ de la Santé, cette étude distingue entre « maladies », « déficiences », « incapacités » et « désavantages », elle différencie les variantes spécifiques – mentales, sensorielles, motrices – réparties en sept groupes selon le degré de gravité, variantes jusqu'à présent non identifiées comme telles et par conséquent impossibles à accompagner dans leur spécificité. Enfin, elle esquisse et engage de nouvelles perspectives.

Je souscris totalement aux critiques et aux propositions développées dans le Rapport de M. Paul Blanc, mais je relèverai par priorité les suivantes :

• Un effort financier supplémentaire serait nécessaire pour servir une allocation d'autonomie à ceux qui peuvent faire le choix d'une vie autonome à condition de disposer des aides humanitaires et matérielles indispensables. Ceci implique une refonte du régime des allocations par une simplification et une majoration des prestations : la mise en place d'une allocation compensatrice individualisée (ACI), qui remplacerait la totalité des prestations existantes, et l'assouplissement des règles de cumul des allocations et des revenus du travail. Cette nouvelle allocation compensatrice individualisée devrait conduire à ouvrir le débat sur le montant de l'allocation aux adultes handicapés (AAH), et sur tous les minima sociaux.

• L'insertion en milieu de travail ordinaire devrait demeurer prioritaire quand les capacités personnelles le permettent, mais il serait impératif de veiller à ce que le secteur public ne reste pas en l'occurrence le « mauvais élève ». Tel est le défi majeur, difficile à relever dans un contexte de précarité et de raréfaction de l'emploi, puisqu'il concerne 5,5 millions de personnes handicapées en France, dont 60 % sont au chômage !

• Les accommodements élémentaires, comme l'accessibilité des bâtiments publics, des transports et de la voirie, les normes des appartements adaptés, l'accès aux lieux culturels, entre tant d'autres « détails », sont loin de faire partie de la culture nationale, les divers décrets d'application restant le plus souvent lettre morte.

• L'accompagnement *personnalisé* des handicaps incite à rechercher des solutions innovantes dans les structures d'accueil existantes : création d'unités à petits effectifs de préférence aux « grands ensembles » de la période antérieure ; proximité des parents et des lieux d'insertion ; diversification des activités professionnelles et occupationnelles ; politique volontariste d'insertion, non pas dans les zones défavorisées, mais dans un tissu urbain et rural optimal.

• Le dispositif « Handiscol », qui accroît l'intégration des enfants handicapés aux différents stades de l'enseignement, devrait s'accompagner, d'une part, d'une « obligation » scolaire – et non de la simple « priorité » actuellement stipulée par la Loi –, et, d'autre part, de la formation sérieuse d'un nombre suffisant d'enseignants et d'éducateurs spécialisés, capables de soutenir le travail du personnel habituel dans cette tâche délicate et particulière.

• L'allongement de l'espérance de vie des personnes handicapées, qui fait suite à l'approfondissement des connaissances et à l'amélioration des soins, nécessiterait le maintien du statut de personne handicapée au-delà de l'âge de 60 ans, pour éviter toute situation de rupture et de régression dans l'accompagnement. Ceci pourrait se traduire par une continuité entre l'ACI et l'allocation personnalisée d'autonomie. En fonction de la gravité de leur handicap, deux formules pourraient être envisagées pour le suivi des personnes handicapées prenant de l'âge : soit un accueil *conjoint* en maison de retraite avec des personnes âgées et handicapées âgées, voire avec des parents vieillissants et des adultes handicapés âgés ; soit la création de maisons de retraite *spécifiques* qui les abriteraient jusqu'à la fin de leur existence, dans la dignité et en leur garantissant une qualité de vie optimale suivant la particularité de leurs besoins.

• Au moment où les pouvoirs publics relancent la régionalisation tout en s'évertuant à assurer l'autorité de la République, il importerait de garantir un niveau d'équipements et de réponses concrètes sur l'ensemble du territoire, et de mettre fin aux disparités trop souvent constatées. Cela impliquerait le développement des services d'intégration scolaire (soins, transports et auxiliaires de vie) et des services d'intégration sociale et professionnelle pour favoriser le passage en milieu ordinaire. Autant d'objectifs réalisables à condition de redéfinir les compétences des différentes instances : État, région, département.

Si je prends appui sur ces quelques thèmes que je juge prioritaires dans le Rapport de M. Paul Blanc, ainsi que sur l'esprit de l'enquête HID réalisée par l'INSEE et sur ses résultats, c'est pour attirer votre attention sur la *troisième étape* dans l'accompagnement du handicap, laquelle est déjà en cours, quoique timidement, et ne pourra s'actualiser avec vigueur que grâce au chantier de votre quinquennat.

3.

L'absence d'une définition du handicap dans la Loi de 1975 n'était pas seulement due à un manque de consensus, pas plus qu'à une précaution éthique motivée par le souci d'éviter d'enfermer les personnes dans des catégories ; il existait également une véritable difficulté à penser le handicap en cette seconde phase de son histoire, à laquelle a succédé une compréhension nouvelle, « environnementale », clairement proposée dans les « Règles pour l'égalisation des chances des personnes handicapées » édictées par les Nations unies et publiées en 1982 :

> « Le handicap est fonction des rapports des personnes handicapées avec leur environnement. Il surgit lorsque ces personnes rencontrent des obstacles culturels, matériels et sociaux qui sont à la portée de leurs concitoyens. Le handicap réside alors dans la perte ou la limitation des possibilités de participer, sur un pied d'égalité avec les autres individus, à la vie de la communauté. »

Cette définition limpide abolit le modèle binaire sous-jacent à la période évoquée plus haut, et qui dressait face à face l'individu déficient et la société réparatrice. Elle lui substitue d'emblée une compréhension extensive des personnes handicapées, dont la « déficience » est désormais située au carrefour d'un déficit neurophysiologique *et* de critères matériels, culturels et sociaux. Le handicap est défini aujourd'hui non pas à partir de la seule déficience en soi, mais à partir du décodage ou de l'interprétation, par la société, des différents obstacles à la vie communautaire qui s'ensuivent. En outre, ce n'est pas la « norme sociale » qui prime comme critère d'évaluation, dans ce décodage, mais le souci de reconnaître le mode d'expression particulier qui fait émerger un être particulier. En d'autres termes, la personne handicapée est reconnue d'emblée comme un *sujet-citoyen* qui existe dans un espace de partage et de solidarité, en sorte que cette définition elle-même, loin d'être une préciosité sémantique, fait obligation aux communautés démocratiques de connaître et reconnaître le citoyen handicapé dans sa réalité singulière afin de lui garantir ses droits.

Malheureusement, cet accueil citoyen du handicap donne souvent lieu, à l'étranger mais aussi de plus en plus dans notre pays, à ce qu'il faut bien appeler une interprétation perverse : nous nous heurtons en effet à une nouvelle idéologie réductionniste qui dénie la souffrance psychique et la nécessité thérapeutique, et prône le miracle d'une résorption pure et simple du handicap par une « meilleure prise en charge sociale ». Dans la foulée, les technostructures administratives et les laboratoires pharmaceutiques s'allient pour simplifier les difficultés et, espérant en tirer profit, réduisent les handicaps soit au seul déficit biologique, soit à l'inadaptation sociale. On ne tarde pas à s'apercevoir que ce réductionnisme aggrave les souffrances et, en définitive, alourdit les coûts. Ni purement biologique, ni purement psychique, ni purement social, le « problème des handicapés » demande qu'un nouvel équilibrage soit trouvé entre ces trois paramètres, avec la participation de ceux qui sont concernés aussi bien que des spécialistes dans les trois domaines.

La nouvelle approche politique du handicap est l'héritière d'un courant important de la pensée contemporaine qui – à travers des diversités considérables qui vont de Freud le Viennois à Foucault le Français en passant par Basaglia l'Italien, et jusqu'au philosophe anglo-américain Ronald Dworkin lorsqu'il réfléchit sur «l'égalité des chances» ou sur la manière de «compenser les désavantages naturels» – a imposé à la mentalité moderne le respect de la singularité du sujet-citoyen dans son *interaction* avec une communauté historique donnée. Cette approche inscrit l'accompagnement des sujets souffrant de handicaps dans une véritable *interaction sociale*, soucieuse de l'unicité de la personne dans ses liens avec autrui.

Pour mieux aborder ce chantier dans ses aspects pragmatiques, il me paraît important de s'attarder sur ce moment particulier où la «question du handicap», pour périphérique qu'elle puisse paraître, se place cependant au centre de l'intérêt public, car elle transforme notre vision de l'humain et du contrat démocratique, et ouvre la voie à un nouvel humanisme.

La *différence* d'autrui est ici non seulement reconnue et respectée, mais nous la recevons comme un appel à la *reconnaître en nous-mêmes*. C'est ainsi que la reconnaissance de notre commune ressemblance avec les handicapés, au-delà des « déficits » et des « désavantages », mais avec eux, tisse ce lien d'amitié et de solidarité qui définit la dignité humaine. Ce « désir de reconnaissance » – n'avons-nous pas tous besoin d'être salués, appréciés, aimés, alors même que nous prétendons ne pas nous soucier du « qu'en dira-t-on » ? – dont l'amour d'autrui est la forme la plus élevée, apparaît dès lors comme le fondement du pacte démocratique. La société n'a pas à « répondre aux besoins », encore moins à « réparer » des « mécanismes » physiques ou psychiques en panne. Elle n'a même pas à se « faire peur » en incitant chacun à se convaincre – « Je dois être solidaire, car *ça* peut m'arriver un jour, à moi ou aux miens ». Plus ambitieusement et plus radicalement, la société *se compose de modes d'être différents*, et la vie se conjugue au pluriel.

Cette *pluralité des êtres et des vies* est d'abord à entendre dans les modulations singulières de leur expression : ce qu'on appelle brutalement les « aveugles », les « autistes », les « psychotiques », « l'épileptique de la chambre 8 » ou le « débile d'en face », ne constitue pas des catégories médicales, mais des sujets-citoyens dont les modes d'expression diffèrent, qu'ils défient la rationalité dominante, qu'ils en soient les victimes rejetées, qu'ils l'enrichissent par d'autres façons d'être et de vivre, ou qu'ils nous restent impénétrables. « Dire de quelqu'un qu'il est handicapé mental, c'est comme dire *nègre* », proteste un homme catalogué comme « arriéré mental ». Le pacte démocratique, tel qu'il s'ébauche dans la conception moderne des handicaps, est fait de cette pluralité d'êtres différents et de vies différentes qui nous appellent depuis leur désir d'être reconnus, et de la reconnaissance desquels nous constituons nous-mêmes notre humanité. A ne pas vouloir entendre cet appel à la reconnaissance des autres et de l'autre en nous, nous ne faisons pas que les exclure de l'humanité, nous nous en excluons nous-mêmes. En revanche, les entendre nous donne peut-être une chance de fissurer la course au pouvoir, au gain, à la performance à tout prix qui banalise aujourd'hui le monde globalisé.

D'autant que le ou la handicapé(e) ne sont pas des « exclu(e)s » comme les autres ; car, plus que d'autres « exclus » (par exemple, ceux qui le sont en raison de leurs différences d'ordre économique, culturel, ethnique ou religieux), ils nous confrontent à l'angoisse de notre propre vulnérabilité, de notre propre incapacité, de notre propre mort physique ou psychique. Pour parvenir à cette compréhension de notre diversité, la culture humaine a parcouru un long chemin. *Reconnaître l'humain* jusque dans les extrêmes limites de son être et de sa vie – et il s'agit de tout autre chose que de l'acharnement à le *réparer* –, réaliser une solidarité efficace avec ces limites, précisément, tel est le projet politique que la communauté internationale n'a jamais été capable d'énoncer dans ces termes jusqu'à présent et qu'elle commence seulement à mettre en œuvre, à l'aube du troisième millénaire, même si son chemin a été balisé longtemps avant nous par de grands et véritables aventuriers.

Je n'en rappellerai que quelques étapes dans la seule civilisation européenne. Songeons à l'Œdipe de Sophocle à Colone, banni et exilé pour ses crimes d'inceste et de parricide, qui proclame : « C'est donc quand je ne suis plus rien que je deviens vraiment un homme ! » Songeons à ce logicien et théologien de la fin du XIIIe siècle, Duns Scot, qui considérait que la vérité n'était ni dans la grandeur des idées générales, ni dans la pluralité de la matière opaque, mais dans la singularité *(ecceitas)* de chacun, irréductible et digne, dans « cet homme-ci », dans « cette femme-là », quel qu'il soit, quelle qu'elle soit, incommensurable, unique, *ecce homo*. Songeons, plus près de nous, à Hannah Arendt qui s'est révoltée au XXe siècle contre les deux totalitarismes, l'hitlérisme et le stalinisme, parce que ces régimes criminels s'étaient arrogé le droit de décréter la « superfluité de la vie humaine » en exterminant des êtres humains (juifs, tziganes, malades mentaux) ; et qui nous propose de distinguer entre *zoé* – ou vie biologique, et *bios* – ou vie partagée, biographie insérée dans le lien politique à autrui. *Bios* ou la vie qui ne se mesure pas à une prétendue excellence, mais qui, dans ses limites mêmes, se fait reconnaître par la mémoire et la parole des autres hommes dans la Cité.

Chacun à sa façon, des artistes et des penseurs s'avancent vers la conviction moderne qui sous-tend ce que j'appelle une *troisième phase* dans l'histoire du handicap : c'est la connaissance et la reconnaissance de la fragilité d'autrui, plus que son excellence, qui constitue le lien démocratique en tant qu'amitié de quiconque – du quelconque. La reconnaissance d'autrui dans sa différence déroutante devient ainsi notre passion ; le visage énigmatique dont parle Lévinas nous oblige, car l'essence de l'homme est en suspens dans sa vulnérabilité même. A cela se mesurent l'humilité post-chrétienne, et l'incommensurable ambition de réaliser une solidarité complexe, capable de soutenir un humanisme de pluralité et de partage. Plus qu'à Diderot et à son aveugle de naissance qui défient Descartes et Dieu lui-même en plaçant « l'âme au bout des doigts », c'est à

Sartre que j'ai pensé, Monsieur le Président, en vous écoutant parler des handicapés mentaux dans votre fondation de Corrèze, de leurs façons d'être « à part », du génie troublant de leurs tableaux et de leurs sculptures, de votre communication avec eux, sans langage mais par le « toucher des mains ». Il est difficile d'imaginer contraste plus existentiel, plus absolu que celui qui oppose un Jean-Paul Sartre à un Jacques Chirac ; pourtant, ce sont les mots du philosophe qui me sont venus à l'esprit : « Tout un homme, fait de tous les hommes et qui les vaut tous et que vaut n'importe qui. »

Tout cela nous précède, et point n'est besoin d'être un docte connaisseur de l'histoire de l'humanisme pour en revivre corps et âme la prestigieuse tradition : l'évolution de la démocratie et ses combats quotidiens sont là pour nous la rappeler modestement, concrètement. Ainsi, nous pouvons être reconnaissants au Britannique Philip Wood qui, imprégné de cette tradition et de ses péripéties, a élaboré en 1980 la *Classification internationale des handicaps*, laquelle associe désormais paramètres individuels (« déficiences ») et sociaux (« désavantages ») : ce sont ces nouveaux critères qui ont permis de considérer la personne handicapée comme un sujet émergeant dans un environnement social. Adoptée par la France en 1988, cette classification a subi depuis lors des approfondissements et des modifications qui tiennent de mieux en mieux compte de l'interaction entre les déficits individuels et le milieu. Mais ces avancées restent largement ignorées en France, globalement toujours tributaire du modèle médical binaire.

Rappelons aussi, dans le même esprit d'ouverture, la *Journée européenne des personnes handicapées* de 1995, dont le rapport s'intitule « Handicapés : citoyens invisibles ». Ainsi que la décision des Chefs d'État et de gouvernement réunis en Conseil européen, à Nice, de faire de l'année 2003 l'*Année européenne des citoyens handicapés.*

Cette compréhension *interactive, environnementale, citoyenne, reconnaissante* des personnes en situation de handicap implique une nouvelle politique et des mesures spécifiques. Le

Rapport Paul Blanc en envisage déjà l'essentiel. Les remarques qui suivent se borneront à les mettre en valeur pour extraire le handicap du cadre étroit qui enferme et isole les personnes souffrantes, de même que les spécialistes qui en ont la « charge », et pour essayer de transformer la vieille idée de « prise en charge » en une préoccupation publique centrale, soucieuse de faire de notre République une véritable démocratie de proximité. Et si, au lieu de parler précisément de le « prendre en charge », le handicap nous aidait à réinventer le lien social ?

II

DYSFONCTIONNEMENTS, NÉGLIGENCES, RETARDS, SCANDALES

Si je crois utile d'insister sur la philosophie qui sous-tend la compréhension actuelle du handicap, c'est parce qu'elle est sinon majoritaire, du moins, à ma connaissance, largement partagée dans notre pays par les usagers et les spécialistes. En revanche, la réalité de l'accompagnement des personnes en situation de handicap est très loin, en France, de cet idéal. Le rapport du Sénat rend justice à la Loi de 1975 tout en insistant sur la nécessité non pas de la « réformer », mais d'en élaborer une autre, car non seulement elle a été *de facto* abrogée par l'ordonnance du 21 décembre 2000, mais pas moins de sept codes différents s'y sont substitués ; cette législation est donc peu lisible et ses dispositions éparses, insuffisamment appliquées. A quoi j'ajouterai que la réalité qui en découle est souvent si pénible, pour les handicapés et leurs proches, que le Secrétariat d'État aux personnes handicapées est couramment désigné par eux comme un « Bureau des plaintes sans réponse ». Sans doute cette humeur noire est-elle à certains égards injuste, mais il est non moins vrai qu'elle recouvre parfois des situations scandaleuses. Comment pourrait-il en être autrement quand on sait que les moyens publics consacrés au handicap sont passés, entre 1985 et 2001, de 2,1 à 1,7 point du PIB, la baisse étant pour l'essentiel imputable à l'État ?

Savez-vous, Monsieur le Président, que la colère et le désespoir des handicapés et de leur entourage ont conduit à la constitution d'un Tribunal d'honneur, présidé par le Dr Roger Salbreux, qui s'est réuni le 15 mai 2002, à Paris, sur une initiative de l'association *Droit aux soins et à une place adaptée* (DSP) ? Y ont participé d'éminents neuropsychiatres et pédopsychiatres comme les Professeurs

B. Golse, G. Ponsot, M. Basquin, plusieurs médecins directeurs d'hôpitaux de jour, des éducateurs et des soignants, des parents, pour dénoncer les « différentes maltraitances et défaillances de l'État ». Le constat est accablant : 45 000 adultes et enfants sont répertoriés comme « attendus nulle part » ; 13 000 enfants sont « sans solution » ; 3 000 enfants de la moitié nord du pays sont pris en charge en Belgique, faute de structures spécialisées dans leur région. Le rapport Thévenot-Quémada signalait déjà qu'il manque 600 places en hôpital de jour pour enfants dans la seule région parisienne. « Des mois d'attente, parfois des années, à la porte d'un hôpital de jour, d'un service de psychiatrie d'un grand hôpital ou d'un établissement spécialisé : c'est la loi habituelle pour des milliers de familles, et le quotidien pour les médecins », protestent une mère et plusieurs parents, confiant leurs histoires poignantes. Tous confirment en signant : « J'accuse ! » « En Ile-de-France 120 enfants polyhandicapés lourdement médicalisés, donc non autonomes, sont contraints à rester dans le milieu familial », témoigne le Professeur Ponsot. « Des enfants et des adolescents ont payé de leur vie le fait qu'il n'y avait pas de place pour les accueillir », ajoute le Professeur Basquin. « On est en train de transformer les hôpitaux en mouroirs avec, à côté, la prison », enchaîne le Docteur Hayat. « Il est grand temps que la population prenne son destin en main… Il en va de l'avenir psychique des enfants dont nous avons la charge, mais aussi, tout simplement, de leur liberté et de leur dignité », conclut le Professeur Golse. Après avoir entendu les experts, les témoins et les parties civiles, puis l'avocat des parties civiles, le procureur et l'avocat de la défense, le Tribunal a rendu son jugement : à l'unanimité ont été déclarés coupables tous les Premiers ministres depuis 1996, tous les ministres de la Santé depuis 1996, et tous les ministres de l'Éducation nationale, ainsi que les secrétaires d'État aux personnes handicapées depuis 1999.

Cet acte symbolique en dit long sur le mécontentement des usagers. Depuis lors, une délégation a été reçue et très attentivement écoutée par le chef de cabinet de

Mme Marie-Thérèse Boisseau, secrétaire d'État aux personnes handicapées, ainsi qu'au cabinet du ministre de la Santé, M. Jean-François Mattéi. Vous imaginez avec quelle impatience les résultats sont attendus ! Tous les problèmes ne peuvent certes être résolus rapidement, mais il me paraît nécessaire, compte tenu de l'insupportable détresse qui est le lot commun des personnes handicapées – encore aggravée par les inégalités sociales –, de mettre en place *dès le début de votre chantier un plan d'urgence pour les personnes souffrant de polyhandicaps.*

Il faut aussi savoir que 38 000 enfants handicapés dans notre pays ne connaissent *aucune scolarisation*, soit parce que les centres qui les accueillent ne dispensent aucun enseignement, soit parce qu'ils ne sont accueillis nulle part et ne trouvent « aucune solution ». En effet, la Loi de 1975 qui préconise une « obligation éducative » est interprétée de façon assez lâche, je l'ai dit, l'intégration scolaire étant entendue comme une « priorité » ou comme devant être « favorisée », mais non comme une nécessité, le terme « éducative » n'impliquant pas la «scolarisation» *stricto sensu*. Il semble urgent, dans ces circonstances, de stipuler explicitement une «obligation scolaire», et de veiller à son application adaptée.

Ensuite, et malgré de louables efforts accomplis au cours de ces dernières années pour intégrer des enfants handicapés dans les écoles, soit individuellement dans des classes communes, soit collectivement en «classes d'intégration scolaire» (CLIS) dans les écoles primaires, ou en «unités pédagogiques d'intégration» (UPI) dans les collèges, soit encore dans le secteur médicoéducatif – «instituts médicoéducatifs» (IME), «instituts médico-pédagogiques» (IMP), «instituts médicoprofessionnels» (IMPro) –, de graves carences persistent. Ces efforts sont inégalement répartis sur le territoire national et souffrent d'un manque de personnels adaptés : seulement 20% des enseignants qui exercent dans l'enseignement spécialisé sont des instituteurs spécialisés diplômés, et environ 20% des enseignants affectés dans ces mêmes établissements n'ont pas reçu de formation *ad hoc.*

L'intégration en milieu ordinaire, qui paraît optimale et qui peut l'être, reste très minoritaire, faute d'un accueil compétent. Il serait urgent et nécessaire de programmer une augmentation des postes d'enseignants spécialisés tout en renforçant la formation continue des enseignants « ordinaires » sur le handicap, et en favorisant le recrutement d'auxiliaires d'intégration scolaire. Les mères de famille et les retraités qu'on envisage actuellement de faire venir à l'école pour aider à l'intégration sous des formes multiples seront incontestablement d'un grand secours, mais très mal préparés à mettre en œuvre un accueil personnalisé compétent.

Par ailleurs, les jeunes handicapés pris en charge par un établissement ou un service spécialisé ne sont que très rarement scolarisés, le secteur médicosocial se contentant de l'« obligation éducative » floue qui propose très rarement un suivi de ces enfants par des enseignants spécialisés *intra muros*, et encore plus rarement de suivre une scolarité adaptée ou partielle à l'extérieur. Ne serait-il pas impératif d'instituer des passerelles entre les établissements scolaires et les établissements d'éducation spécialisée ? Comment ne pas partager l'indignation contenue dans le Rapport de M. Michel Fardeau qui, face à ces multiples carences, constate que « seulement 7% des jeunes handicapés sont scolarisés en milieu ordinaire, ce qui signifie que plus de 90% sont accueillis dans des structures plus ou moins ségrégatives », et encore, quand ils sont accueillis ! Comment ne pas partager aussi le sentiment qui se dégage du Rapport de M. Paul Blanc devant la « situation inadmissible » que traduit son enquête, laquelle conclut à la non-scolarisation de 26% des jeunes handicapés accueillis en établissements, et met en évidence que certains, qui pourraient être scolarisés, ne le sont pas. C'est le cas de 24% de jeunes handicapés moteurs et de 8% de jeunes handicapés sensoriels !

Enfin, le lancement par Mme Ségolène Royal du plan Handiscol en 1999 a été incontestablement une belle initiative, cependant destinée à se réaliser dans des conditions qui l'ont rendue d'emblée problématique : les suppressions de postes, une application du plan « inégale et retardée », voire une mise en place « purement formelle » dans certains départements – sans parler, plus fondamentalement, du manque de personnels spécialisés qui ne permet pas aux élèves « intégrés » d'acquérir véritablement les savoirs. Handiscol ne servirait en somme que de palliatif en attendant des solutions plus appropriées. Dans ce contexte, comment s'étonner d'apprendre que les plaintes et enquêtes (de l'ANCE, du Centre technique national d'études et de recherches sur le handicap – CTNERHI –, entre autres) sur l'absence de prise en charge d'enfants en situation de handicap continuent à se multiplier ?

Ma rencontre avec la conseillère du ministre de l'Éducation nationale, Mme Nicole Saint-André, m'a convaincue que la compréhension de ces problèmes, ainsi que les mesures en cours correspondent à une partie des attentes. En revanche, la politique qui se met actuellement en place manque encore de visibilité et n'est pas nettement perçue par les usagers : un effort de proximité et de communication s'impose là encore.

Il y aurait également beaucoup à dire sur l'insertion des personnes en situation de handicap *par le travail*, que ce soit en milieu ordinaire ou en milieu protégé. Le réseau « Cap emploi » accomplit la majeure partie des efforts en ce domaine, mais son activité reste freinée non seulement par l'aggravation de la situation générale de l'emploi, mais aussi et surtout par le fait que l'Association nationale de gestion du Fonds pour l'insertion professionnelle des handicapés – AGEFIPH –, qui finance le réseau à hauteur de 95 %, n'est pas habilitée à financer cet accompagnement.

Des personnes beaucoup plus compétentes que moi sauraient formuler des propositions destinées à sortir de cette impasse, et revoir globalement le fonctionnement de l'AGEFIPH. Je me contenterai de m'interroger, quant à moi, sur les 37 % d'entreprises assujetties à l'obligation de l'emploi de travailleurs handicapés qui n'en emploient *aucun*, et qui ne recourent à aucune forme de sous-traitance. Par ailleurs, comment s'expliquent les 20 000 places manquantes en milieu protégé dans les CAT ? N'est-il pas urgent de repenser la productivité des CAT, censés de surcroît être éducatifs et qui ne remplissent que très rarement leur vocation d'aide à l'évolution des travailleurs handicapés ?

Ces carences, parmi tant d'autres, quelles que soient leurs raisons financières ou administratives, me font penser que c'est encore, surtout et d'abord de carences dans les mentalités qu'il s'agit, en somme d'un blocage de l'accueil fait aux handicapés. Je comprends ceux qui préfèrent remplacer le terme d'« intégration » par celui d'« insertion » ou d'« inclusion ». Loin d'être un raffinement *politically correct*, ce souci sémantique invite non pas à « intégrer » au sens d'effacer la différence – projet impossible et qui se heurte à des échecs décourageants –, mais à inclure des personnes différentes dans l'espace public (écoles, entreprises, etc.) à condition d'y aménager des parcours individualisés et des accompagnements singuliers. Cela demande des moyens considérables ? Certainement. Mais, tout d'abord, une réorientation aussi bien des schémas éducatifs que des schémas de l'emploi. Et ce ne sont pas quelques spécialistes inspirés qui y parviendront. C'est un changement de « philosophie » qu'il faut mettre en œuvre, un changement dans la mentalité de la nation tout entière. Je n'hésite pas à parler ici de rupture, et même de révolution culturelle ! Car les peurs sont toujours là, et les ignorances, et les refus, et le mépris, et l'arrogance. Peut-être moins à l'égard des handicapés sensoriels et moteurs – encore que, je l'ai dit, ni nos rues, ni nos transports, ni nos bâtiments ne tiennent assez compte de leur existence – qu'à l'endroit des handicapés mentaux.

Un exemple : en plein Paris, dans le XIXe arrondissement, des citoyens se sont récemment mobilisés contre le projet de création d'un foyer pour personnes handicapées, sous prétexte que son voisinage détériorerait l'image du quartier, dissuaderait les visiteurs, ferait peur aux jeunes enfants, quand il n'affolerait pas les femmes enceintes, et je ne sais encore quelles autres « raisons » ! Mieux : la municipalité elle-même a endossé un temps ce refus ! Des associations comme l'APAJH (Association pour adultes et jeunes handicapés) ne se sont pas laissé faire, les intéressés se sont battus, les résistances sont heureusement tombées, et le foyer est aujourd'hui construit. Mais le cas est loin d'être unique, et le *happy end* n'est pas la règle…

Autre exemple : un conservatoire atypique visant la préparation aux concours nationaux, le *Conservatoire de musique et d'expressions artistiques ouvert aux personnes handicapées et accidentées de la vie*, qui accueille 140 élèves handicapés et autant d'élèves non handicapés, subventionné (le moins possible !) par la Ville de Paris, et qui semble être unique en son genre par l'ampleur de l'insertion et les résultats des étudiants, ne dispose toujours pas de locaux. Il faut savoir que les handicapés moteurs et autres sont obligés de se déplacer dans quatre lieux dispersés aux quatre coins de Paris, de monter des étages et de descendre dans des sous-sols sans accès aménagé. C'est naturel, c'est bien connu, dans la capitale comme partout ailleurs en France, n'est-ce pas : mais qui s'en soucie ? Il faut aussi savoir qu'on doit attendre parfois plus d'un an pour que les subventions fort modiques soient versées. Et que les demandes de locaux déposées à la Mairie de Paris rencontrent maints sourires et promesses, mais jamais – ou pas encore – de solution. Il n'y a pas, à Paris, de local de 300 m^2 pour accueillir des classes de chant, de batterie, de violon, de flûte, de piano, ni de grande salle pour la belle chorale où se rencontrent des élèves de l'Institut catholique, des étudiants de la Sorbonne, des adultes « normaux » et des jeunes et moins jeunes handicapés...

Il faut aussi savoir que des Français qui ne peuvent pas se payer un auxiliaire de vie à 10 euros de l'heure (66 francs), doivent s'exiler à l'étranger où cette possibilité leur est offerte. Ainsi Mme Gisèle Caumont, 60 ans, gravement handicapée de naissance, mais néanmoins orthophoniste et musicienne, a récemment confié son parcours à un quotidien du matin. C'est en Suède qu'elle a fini par s'exiler, ses parents étant morts et ses amis devenant vieux. La Loi suédoise sur « le soutien et le service aux handicapés », votée en 1994 et prévoyant le « respect du droit au choix de vie et à l'intégrité », lui a proposé dans un premier temps de rédiger un texte où elle décrirait l'aide qui lui serait nécessaire pour mener « la vie qu'elle souhaite ». Elle a rencontré ensuite deux personnes qui ont mené une enquête détaillée sur sa situation, sans commune mesure avec les « cases à cocher » du formulaire rudimentaire de notre COTOREP. Enfin, cent seize heures hebdomadaires d'assistance lui ont été allouées pour jouer de l'orgue, nager en piscine, faire de la poterie, peindre, cuisiner, vivre, en somme – et ce en habitant dans un logement individuel –, la commune prenant en charge vingt heures, la Sécurité sociale assumant le reste. « Je travaille l'orgue autant que je veux, j'ai même donné un concert à l'église [...]. Je n'ai plus l'angoisse de savoir s'il y a des toilettes ou pas. Ici, tous les établissements sont équipés de toilettes accessibles aux fauteuils roulants [...]. La nuit, je dors paisiblement avec un bracelet au poignet. » A une auditrice qui, après la conférence que Gisèle Caumont a donnée en France sur son mode de vie en Suède, lui a dit que c'était bien dommage qu'elle soit partie quand elle avait tant de choses intéressantes à raconter, l'exilée a répondu : «Et qui m'aurait accompagnée à cette réunion ?»

Longue est la liste des «insuffisances» et des «scandales» où se conjuguent manque de moyens et manque de *compréhension* – appelons ainsi cet étrange mélange de cœur et de politique qui rend la vie vivable. Je la conclurai cependant et provisoirement par un dernier exemple :

Age sensible, une émission diffusée sur la chaîne publique France 2, a été supprimée pour cause de manque d'audience. Pourquoi pas ? Jusqu'ici, nous sommes simplement dans le cadre de la loi cruelle du marché. Mais, selon la directrice du secteur «fiction» de cette chaîne, se référant à certaines «statistiques» – c'est ici que la chose nous concerne et devient un scandale –, ce défaut d'audience est dû «au fait que le héros est en fauteuil roulant». Cela «provoque», voyez-vous, «une espèce de refus» de la part d'un public essentiellement jeune, en l'occurrence. «Il apparaît, continue sans gêne aucune la directrice de programme, qu'en fin d'après-midi, ce public (de 15 à 34 ans) souhaite un moment tourner la page sur les soucis de la journée, et préfère des choses plus reposantes, réconfortantes et distrayantes. » Dont acte, on supprime ! Il ne vient à l'esprit de personne, sur cette chaîne, que la télévision *publique* pourrait (oh, de temps en temps seulement : qui pourrait vouloir empêcher les gens de se distraire ?) remplir, une fois n'est pas coutume, une mission autre que « distrayante » ? Voire, alertée par les statistiques invoquées, proposer non seulement de continuer à diffuser *Age sensible*, mais de produire une autre émission qui s'interrogerait sur le « refus » que peut susciter l'« adolescent en fauteuil roulant » ? Mais ne rêvons pas : si ce miracle devait avoir lieu, ce serait une autre télévision – et ce serait un autre pays…

Voilà ce qui me conduit à ma première proposition : sensibiliser, informer, former.

III

SENSIBILISER, INFORMER, FORMER

Depuis le mois d'octobre 1999, l'Assemblée générale des Nations unies a proclamé le 3 décembre de chaque année *Journée internationale des personnes handicapées*. Depuis 1966, le Québec consacre une semaine entière à la sensibilisation de tous aux droits de ces personnes, et nul n'ignore que le Canada figure parmi les États qui accueillent les handicapés avec le plus de compréhension et d'efficacité. Je ne sache pas que le 3 décembre mobilise les Français, pas plus que ne le fait la semaine du 11 au 17 novembre qui se limite – mais c'est déjà une avancée – à quelques colères médiatiques.

«Sensibiliser» : le mot peut paraître malvenu à propos de cette tâche qui se propose d'aller au-delà des sentiments, qui récuse les sensibleries et mise sur un humanisme citoyen diversifié. Je le maintiens cependant, car il indique, dans son acception la plus large, un souci de dépasser l'indifférence, voire la peur défensives qui accompagnent en général l'attitude spontanée face aux difficultés des personnes en situation de handicap. Car il récuse surtout un certain rationalisme où excelle la tradition nationale, et qui nous empêche d'admettre que d'autres modes d'être et de communication, ancrés dans le corps sensible, et non réductibles à la raison pensante dans laquelle se perfectionne l'ère technique, spécifient aussi la diversité humaine. N'est-ce pas ce rationalisme schématique qui a failli exclure certains handicapés de la Déclaration universelle des droits de l'homme, dont l'article premier proclame que «tous les hommes sont libres et égaux en dignité et en droit», ajoutant qu'ils «sont doués de raison et de conscience, et doivent agir les uns envers les autres dans un esprit de fraternité»? L'article deux vient opportunément moduler ce rationalisme hérité de nos Lumières en précisant que ces droits s'appliquent à tous, «sans distinction aucune [...] de fortune, de naissance et de toute autre situation». Plus récemment, la Conférence mondiale des Nations unies, réunie à Vienne en 1993, a explicitement postulé que «les Droits de l'homme et les libertés fondamentales sont tous universels et, de ce fait, s'appliquent sans réserve aucune aux personnes souffrant d'incapacité». C'est évident, mais nous savons que la pratique est tout autre, et j'en ai rappelé plusieurs exemples navrants. Je suis néanmoins persuadée que le chemin qui nous conduira à une véritable acceptation de l'universalité des droits stipulée par les textes passe aussi par la réhabilitation de la communication *sensible*, précisément, dans laquelle se déploient les différents modes d'être – linguistiques et infralinguistiques – de la pluralité humaine. En nous rendant sensibles aux personnes handicapées, nous découvrirons peut-être, en ceux qui souffrent d'un handicap, mais aussi en ceux qui en sont indemnes, ces *multiplicités de l'être* que tend à nous cacher la course moderne au succès et à la performance : tel est mon pari.

Il ne suffit pas. Il convient aussi d'inscrire dans cette sensibilisation souhaitable les connaissances modernes acquises dans le domaine des handicaps par les sciences et les techniques – biologie, neurologie, médecine, psychologie et psychanalyse, sciences de l'éducation, etc. –, afin d'*informer* chacun en particulier, et la communauté nationale dans son ensemble, de la réalité des différents handicaps telle qu'elle est connue aujourd'hui, de leurs causes quand elles sont repérées, des possibilités de prévention, des perspectives d'évolution, des richesses et des limites qui caractérisent les différentes personnes en situation de handicap quant à leurs possibilités de communication et d'insertion. Porter ces connaissances au grand public, et combattre ainsi les refus et les angoisses, me paraît être le socle indispensable sur lequel s'appuiera l'effort collectif, financier et compréhensif, de la solidarité nationale.

Une telle campagne d'information devrait commencer par une enquête qui recueillerait, systématiserait et interpréterait tout ce qui existe en matière d'accompagnement du handicap dans des pays comme le Canada, la Suède, les Pays-Bas, la Belgique, qui ont su développer une culture et des structures beaucoup plus adaptées aux besoins modernes que les nôtres, sans oublier bien sûr les autres pays européens. Ce travail est déjà en cours, sous l'égide de la Communauté européenne, notamment avec le Rapport Paul Blanc, mais il demande encore à être approfondi, synthétisé et mis à la disposition des intéressés.

C'est sur cette base élargie d'un accueil optimal proposé aux handicapés par la communauté nationale qu'il faudrait *former* des personnels médicaux, soignants et éducatifs afin de les rendre aptes à concrétiser au quotidien l'évolution de la philosophie politique et des savoirs concernant les handicapés :

• Dans les services spécialisés, à commencer par le secteur psychiatrique, actuellement en passe d'être sinistré en France. En effet, le nombre des psychiatres devrait passer de 13 200 en 2002 à environ 8 180 en 2015, alors qu'aujourd'hui même 1 500 postes sont vacants : parce qu'il y a davantage de postes que de candidats, à cause des salaires dérisoires, en raison aussi d'un manque d'équipements dramatique.

Plus que les problèmes de financement, c'est la conception même des handicaps mentaux qui est en cause : il a été difficile, paraît-il, d'inscrire dans la Loi du 27 janvier 2002, dite de « modernisation sociale », les termes « soins » et « thérapie », la psychiatrie étant discréditée au profit des dimensions biologique et sociologique du problème. « Le fou a fini de plaire, il n'intéresse plus », proteste amèrement le Docteur Maryvonne Wetsch, chef de service à l'hôpital Esquirol (Saint-Maurice), dans sa lettre de démission d'un poste qu'elle estime ne plus pouvoir assumer face à la « pénurie gravissime », à l'« évaluation technocratique », à la réduction de la maladie mentale à une incapacité sociale, et j'en passe. « La psychiatrie est en crise », clament les États généraux organisés à

Montpellier par la Fédération française de psychiatrie et tous les syndicats de psychiatres, les 5, 6 et 7 juin 2003.

• Avec le concours des enseignants et des éducateurs spécialisés, qui ont vu leur formation supprimée ou réduite ; avec celui des accompagnateurs qui participent à l'insertion par le travail et à la vie de tous les jours, et qui devraient bénéficier d'une formation diplômante.

• Mais aussi par la mise en place d'une « formation continue handicap » dans divers services « ordinaires » (santé, architecture, bâtiment, transports, etc.). Sait-on qu'une personne handicapée devant être hospitalisée se heurte presque toujours à l'ignorance psychologique et technique des personnels hospitaliers, c'est-à-dire à une incompétence médicale qui peut se révéler dangereuse pour elle ? Plus banalement, si j'ose dire, il n'existe en France aucune liste des établissements scolaires accessibles aux handicapés moteurs, quand celle des restaurants et des hôtels, plus lucratifs, est en revanche soigneusement tenue à jour !

« Sensibiliser, informer, former », tel pourrait être le thème des *Premières Assises nationales des citoyens handicapés* qui constitueraient un temps fort de votre chantier. Elles devraient être centrées sur des enjeux essentiels et urgents, et s'écarter aussi bien des rivalités politiciennes que des surenchères auxquelles échappent difficilement les intéressés et leurs associations. Tous les aspects de ce vaste chantier ne seraient pas abordés simultanément au cours de ces Assises, car leur examen attentif prendrait nécessairement du temps, mais ils pourraient s'échelonner tout au long de votre quinquennat sous la forme de congrès, colloques et autres « États généraux » propres à accompagner l'élaboration d'une nouvelle Loi et les mesures financières qui l'escorteraient.

Si je propose ce thème plutôt que celui, non moins prioritaire, de l'emploi des handicapés, par exemple, et cette forme plutôt que des Assises nationales non thématiques mais constituées de journées « à la carte », ce n'est pas seulement pour éviter de « trop embrasser pour mal étreindre », mais pour mieux prendre le problème à la base, c'est-à-dire envisager l'accompagnement du handicap : informer et former au mieux les soignants, ainsi que tous ceux qui participent à leur quotidien, sans oublier l'opinion « publique ».

L'annonce de la convocation de ces Assises devrait prendre le sens d'un *coup d'envoi* plaçant le handicap au *centre des priorités nationales.* L'organisation pourrait en être confiée à une instance indépendante des tensions politiques comme des associations surexposées – une instance capable de maîtriser l'information et la formation dans le domaine des citoyens handicapés, par exemple une instance universitaire. L'Université Lyon II abrite en son sein le Collectif de recherche : « Situations de handicap, Éducation, Société » – CRHES –, présidé par le Professeur Charles Gardou et dont le Président d'honneur est Michel Serres, de l'Académie française. Le Collectif prépare son deuxième congrès international pour les 24, 25 et 26 novembre 2004, sur le thème : « Situations de handicap : quelles ruptures pour quelles mutations culturelles ? ». Pourquoi ne pas transformer ce

Congrès en Assises nationales ? Ou demander au CRHES de se charger de la préparation des Assises, ou de s'y impliquer activement sous la tutelle du Secrétariat d'État aux personnes handicapées, à une date qui reste à définir ? En commençant par des Assises régionales, comme vous le suggérez ?

Toujours dans le souci de « désinsulariser le handicap », un Comité national « Handicap : sensibiliser, informer, former » pourrait être constitué. Il piloterait la convocation des Assises et préparerait l'opinion à leur tenue. Il pourrait inclure des personnalités du monde de la science, de l'entreprise et de l'agriculture, de la philosophie, des arts et des lettres, des médias, des représentants des Églises et des courants religieux, ainsi que des spécialistes dans le domaine du handicap. Plusieurs noms me viennent à l'esprit (sous réserve, bien sûr, de leur accord) : des philosophes comme Michel Serres, Jean-Luc Nancy, Pascal Bruckner et Giorgio Agamben, des anthropologues comme Marc Augé et Henri-Jacques Stiker, des généticiens comme les Professeurs Yves Agide et Albert Jacquard, des psychanalystes comme René Kaes et Jacques Hochmann, des neuropsychiatres comme le Professeur Bernard Golse et le Docteur Roger Salbreux, des personnalités du monde des arts comme Emmanuelle Béart, Sandrine Bonnaire, Carole Bouquet, Peter Brook, Howard Buten, France Gall, Gilbert Montagnier, des représentants des médias comme Laure Adler, Dominique Bromberger, Christine Clerc, Jérôme Clément, Michèle Cotta, Michèle Fitoussi, Olivier Mazerolles, Patrick Poivre d'Arvor, le footballeur Zinedine Zidane. Tous se sont en effet, à des titres divers, montrés attentifs aux problèmes des handicapés.

La tâche de ce comité consisterait à proposer des initiatives concrètes en vue :

• *D'une campagne de sensibilisation et d'information de l'opinion* adaptée aux possibilités des médias et notamment de la presse. Elle pourrait proposer des programmes spécifiques dans tous les médias, et solliciter un concours particulièrement actif de la part de France 2, d'Arte et de France Culture, par des « spots », des « publicités éducatives » et autres émissions à inventer, propres à rectifier et réhabiliter l'image de la personne handicapée, sans voyeurisme mais dans la dignité, et à exposer aussi bien les insuffisances de notre système d'accueil que l'existence de projets innovants et les réalisations pilotes déjà en œuvre.

• *D'une campagne pédagogique et de coordination de la recherche,* à engager dans les écoles et à poursuivre jusqu'à l'Université et aux divers niveaux de la recherche, avec les ministères de la Jeunesse, de l'Éducation nationale et de la Recherche. Cette campagne devrait :

1) Entreprendre une véritable éducation de la jeunesse sur les problèmes des personnes handicapées, afin de développer chez elle le sens de la solidarité et de l'humanisme que requiert la *troisième phase* de l'histoire du handicap. L'initiative de Mme Bernadette Chirac, « Pièces jaunes », a joué un rôle essentiel en ce domaine. D'autres devraient s'y ajouter. Choqué comme moi par les arguments qui ont abouti à la suppression de l'émission *Age sensible* sur France 2, un de mes étudiants anglais m'a affirmé que cette attitude serait inconcevable dans son pays, pour la simple

raison, selon lui, que dans les écoles anglaises chaque élève s'engage à aider les handicapés en accomplissant des «actes de solidarité» – composer un poème, courir un marathon, chanter dans une chorale, etc. Chacun de ces actes est «cautionné» à hauteur de l'équivalent d'un euro par un «référent» – adulte, voisin, parent –, et la somme ainsi recueillie est versée au Fonds Handicap. Sous ses aspects de «charité scoute», cette coutume a-t-elle une chance de se développer en France? En tout cas, j'aimerais suggérer à notre ministre de la Jeunesse, de l'Éducation nationale et de la Recherche de tenter, d'une part, d'introduire un semblable carnet «Solidarité Handicap», qui a l'avantage d'impliquer réellement enfants et adolescents, chacun selon ses capacités; d'autre part, de prévoir dans le programme d'éducation civique et dans les disciplines qui s'y prêtent une thématique «handicap» qui accompagnerait le cursus, de la maternelle au baccalauréat.

2) Ouvrir la Recherche française, dans les universités et les organismes de recherche, à

de nouveaux objets liés aux divers handicaps, à leur connaissance comme à leur accompagnement technique, thérapeutique et éducatif. Il faudrait, bien sûr, commencer par coordonner ces recherches pour le peu qui existe. Il est de notoriété publique – cf. le Rapport de M. Fardeau – que la recherche en France n'est ni organisée ni coordonnée dans cet esprit, et il serait grand temps d'introduire le paramètre « handicap » au sein de ses multiples préoccupations.

Au fur et à mesure que je vous écris ces lignes, Monsieur le Président, je me prends à espérer que ces efforts pour « sensibiliser, informer, former » pourront changer vraiment les mentalités. Que nous réussirons à rapprocher nos concitoyens de ces « étrangers » angoissants, de ces êtres étranges que restent encore, pour beaucoup d'entre nous, les handicapés, mais qui s'abritent au cœur de nos angoisses et de nos vulnérabilités. Que chacun se glisse dans ses propres rêves, les plus bizarres ou les plus répétitifs ; qu'il en choisisse un, celui qui lui ressemble le plus, mais dont, pour quelque obscure raison, il ne peut parler à personne. Qu'il essaie de se couler dans ses mouvements, ses sensations, ses mots pas tout à fait comme les autres. Puis, tout en restant fidèle à la scène du rêve, qu'il remonte à la surface et écoute ceux qui parlent, marchent, entendent, regardent, agissent alentour autrement, bizarrement, follement, à faire peur. Chacun, chacune entendra alors des paroles singulières, des sensibilités neuves, celles-là mêmes qui paraissaient auparavant inaudibles, illogiques, indistinctes ou inquiétantes. Des mondes nouveaux s'ouvriront à son écoute, douloureux ou enchantés, ni normaux ni handicapés, éclosions de surprises, des mondes en train de devenir polyphonie, résonances différentes et cependant compatibles, des mondes enfin rendus à leur pluralité.

Ne me dites pas que je rêve ou que c'est de la poésie : et si c'était la face intime de votre chantier ?

IV

QUELQUES PRIORITÉS PRATIQUES ET EXEMPLES CONCRETS

Dans un contexte ainsi préparé, on peut espérer que les mesures pratiques entreprises dans le cadre du « chantier handicap » trouveraient un terrain favorable à leur réalisation efficace. Je me bornerai à signaler la nécessité de créer quelques *facilitations administratives*, et d'entreprendre ou de développer quelques *structures innovantes* dont l'urgence et la visibilité témoigneraient, aux yeux des intéressés et du public, du nouvel élan que vous souhaitez insuffler à l'accompagnement personnalisé des personnes en situation de handicap.

1. – Face aux difficultés, discriminations et conflits persistants, il paraît nécessaire – la proposition en a déjà été faite par M. Charles

Gardou –, de créer une fonction de *médiateur des personnes en situation de handicap*, en empruntant à la fois au modèle du médiateur de la République (1973) et à celui du médiateur de l'Éducation nationale (1998). Directement rattaché à la Médiature de la République, le médiateur aurait :

• Un rôle d'*intercesseur* pour traiter des cas concrets de plaintes, et un rôle de *prospecteur de réformes* afin de corriger les injustices et d'atténuer les conséquences des dysfonctionnements administratifs, sans pour autant s'attaquer aux causes des carences constatées.

• Plus spécifiquement, il pourrait intervenir comme médiateur entre les trois grands secteurs qui se partagent ce « mammouth » qu'est devenue la gestion des handicaps : le sanitaire, le médicosocial et le social, dont le manque de communication empêche trop souvent le règlement de problèmes courants, et plus encore les tentatives d'innovation. Un exemple récent : celui des « Courtillets ». Les institutions spécialisées, parmi lesquelles celles destinées aux autistes, plafonnent leur accueil à l'âge limite de 18 ou 24 ans – le très généreux amendement Creton permettant de maintenir ceux qui ont dépassé cet âge avant d'avoir trouvé une autre solution, aggrave *de facto* le déficit de places –, alors que les institutions pour adultes sont notoirement insuffisantes. Dans ce contexte, un centre expérimental, « Les Courtillets », a été créé dans l'Indre – association LVHI (Loisirs et vacances pour les handicapés et inadaptés) – pour des jeunes de plus de 18 ans, en complément du centre pour enfants et adolescents nommé « LE CALME », à Montipouret, dans le même département. Son directeur, M. Christian Parfaite, a obtenu en 1992 un agrément de « centre expérimental » qui l'autorise à réaliser un remarquable accueil en alternance pour de nombreux autistes et « assimilés », de Paris et de la Région parisienne. Quant au centre des « Courtillets », censé prendre le relais après que la limite d'âge a été atteinte, il n'a toujours pas obtenu l'agrément *global* qui lui vaudrait reconnaissance et financement par les tutelles habituelles (DDASS et Conseil général), seulement des agréments *au cas par cas.* Faut-il préciser que cette forme très précaire ne permet pas de résoudre certains cas sociaux désespérés comme celui de B. E., malgré le rapport favorable du directeur de la DDASS de Paris à l'Élysée, ou le dossier suivi par M. Xavier Dupont au ministère de la Santé ?

2. – Constituer un *Collectif d'experts en handicaps*, soit sous la forme d'une mission interministérielle, soit attaché à la Présidence, formé de trois groupes, chargé chacun d'une mission :

a) un groupe « Formation et recherche » réévaluerait l'intégration scolaire des handicapés dans le plan Handiscol et dans les établissements spécialisés ; il veillerait à une plus vaste et à une meilleure formation des enseignants et éducateurs spécialisés ; il ouvrirait les autres professions au « réflexe handicap » ; il privilégierait l'insertion des handicapés dans les universités et créerait de nouveaux « objets de recherche et d'enseignement » pour mieux inscrire les problématiques du handicap dans la recherche française ;

b) un groupe « Emploi » réexaminerait les attributions de la COTOREP (Commission technique d'orientation et de reclassement professionnel) et des CDES (Commission départementale de l'éducation spéciale), et tout particulièrement la vocation professionnelle-éducative-thérapeutique des CAT (Centre d'aide par le travail) ;

c) un groupe « Structures innovantes » accueillerait et favoriserait les initiatives innovantes pour un accompagnement personnalisé des handicapés, puisque, on le sait, ces initiatives ne trouvent spontanément ni écoute ni possibilité de réalisation dans les cadres administratifs préconstitués.

Pour ne prendre que quelques exemples :

• Un accueil des handicapés vieillissants jusqu'à la fin de leur vie pourrait être envisagé en « petites unités » dont les familles posséderaient des parts financières, ou en appartements ou maisons « thérapeutiques » propres à garantir et l'autonomie des personnes semi-dépendantes, et leur sécurité grâce à la présence d'un personnel spécialisé. Voir l'expérience de Mme Janine Cayet, conseiller régional d'Ile-de-France, auteur d'un rapport présenté au Conseil économique et social en 1998, présidente et fondatrice de l'association « La Maison de Lyliane » depuis 1990: « La Maison de Lyliane » – foyer occupationnel et maison de retraite situés à Richebourg, 78550 – accueille depuis 1995 des adultes handicapés mentaux vieillissants de la Région Ile-de-France, avec une priorité d'admission pour les habitants des Yvelines : soixante résidents répartis dans six unités de vie, avec chambres individuelles, salle de bains et WC pour deux chambres, etc. Cette structure est fondée sur le principe suivant : « Quelles que soient la nature et la gravité des handicaps de chaque adulte, l'évolution n'est pas définitivement figée, le sujet peut encore et toujours progresser »; « la démarche éducative, d'aide et d'accompagnement, évite le renforcement de l'assistanat déjà trop présent ». Une « Maison de Lyliane II », dont l'ouverture est prévue pour juin 2003, avec le statut administratif de foyer à double tarification, accueillera elle aussi soixante personnes handicapées mentales devenues dépendantes – résidents permanents –, auxquelles s'ajouteront cinq places d'accueil temporaire et d'urgence, et trois places d'accueil de jour. Un contrat de partenariat est prévu avec l'hôpital de proximité qui dispose d'un service de soins palliatifs mobile. Pour la première fois en France, des handicapés mentaux pourront bénéficier à leur domicile de ces soins spécifiques.

• A côté des structures massives pour handicapés lourds pourraient être créés des lieux de vie à petits effectifs, « éclatés » dans les villages ou les quartiers, combinant la « double tarification » – régime assistance maladie + aide sociale départementale – dévolue aux handicaps importants, *avec* la vie en studio pour une ou deux personnes et leur intégration dans la vie de la cité. Cf. les propositions du Dr Moïse Assouline (hôpital de jour et centre Santos-Dumont, Paris) de créer des « studios à double tarification » pour des personnes nécessitant l'aide d'un tiers dans la vie quotidienne et ne pouvant exercer d'activité professionnelle, mais dont les capacités psychologiques et mentales permettent l'insertion dans la vie de quartier et la vie culturelle de la cité : ateliers de peinture ou sculpture, chorales, sports et loisirs, etc. Une telle démarche impose une révision des catégories actuelles des établissements pour adultes handicapés – foyers d'hébergement pour travailleurs handicapés, foyers occupationnels ou foyers de vie, foyers expérimentaux à double tarification (FDT), maisons d'accueil spécialisées (MAS) –, un assouplissement des cloisons érigées entre eux et l'ouverture de structures innovantes.

• Une articulation du projet thérapeutique avec un projet pédagogique adapté, ce qui fait de plus en plus défaut dans les établissements spécialisés, ainsi que je l'ai indiqué plus haut. C'est cette articulation qui constitue précisément l'originalité de l'École expérimentale de Bonneuil, ouverte en septembre 1969 et agréée comme hôpital de jour avec foyer thérapeutique de nuit depuis 1975. Dans la ligne de Freud, Winnicott, Françoise Dolto, et dans celle de Maud Mannoni (créatrice de l'établissement), l'École de Bonneuil accueille des cas d'enfants étiquetés encéphalopathes – différentes formes d'épilepsie et d'affections génétiques – et diverses psychoses, orientés d'habitude vers la défectologie. Ici, leurs états ne sont pas considérés comme définitivement figés, mais comme des symptômes évolutifs capables de sortir plus ou moins de la relation stéréotypée. La conception qui était celle de Maud Mannoni, d'une « institution éclatée », offre plusieurs pôles entre lesquels le patient évolue : ateliers thérapeutiques, travail avec deux instituteurs détachés de l'Éducation nationale, enfants scolarisés inscrits au CNED (Centre national d'enseignement à distance) avec une perspective d'inscription au collège, stages chez des artisans, lieux d'accueil de nuit, familles d'accueil en province, participation à des activités de loisirs – maison de jeunes et autres –, tout cet ensemble rétroagit sur le patient en lui renvoyant de nouvelles images de lui-même, et modifie ainsi sa représentation de soi et ses rapports avec autrui. Le personnel de cet établissement, qui mérite d'être soutenu plus vigoureusement au niveau financier, souffre du récent climat sécuritaire qui frappe les professions médicales – juridiction excessive de la responsabilité et assurances draconiennes, notamment –, ainsi que l'opinion dans son ensemble, et qui freine le projet même d'une « institution éclatée » : la piscine voisine craint de laisser entrer des épileptiques, même stabilisés ; les transports hésitent à accueillir les psychotiques, etc., etc. Autant de constats navrants qui justifient la nécessité de « sensibiliser, informer, former », afin de maintenir et de développer cette structure innovante, et d'en créer d'autres.

• Une modulation de la conception des CAT devrait être envisagée en « CAT hors murs », « CAT artistiques » et autres, et assortie de la possibilité de travailler à temps partiel, ainsi que d'un accueil en centres de jour ou lieux de vie rendant possibles des loisirs et des activités diverses. C'est ce que tente la proposition de l'association « Turbulences », de Philippe Duban, dont l'objet est la médiation artistique et culturelle pour des jeunes autistes et psychotiques. Il s'agit de constituer à Paris un lieu de vie et de création, avec l'ouverture d'un CAT pour vingt-cinq ou trente personnes, et un module SAS (Section d'adaptation spécialisée) accompagné d'un foyer de type appartement thérapeutique pour une dizaine d'usagers. La collaboration de différents partenaires publics et privés est d'ores et déjà requise – celle de la DDASS de Paris, de la COTOREP, de la fondation France Télécom, de la fondation Caisse d'épargne, du ministère de la Culture et de la ville de Paris –, ainsi que celle d'artistes comme Howard Buten, président de l'association, et de parents d'autistes. Cette initiative se heurte cependant à la conception actuelle des CAT qui ne favorise que théoriquement l'épanouissement personnel et l'intégration sociale des usagers.

Je recommande très chaleureusement ces quelques propositions de « structures innovantes » et sollicite auprès de vous, Monsieur le Président, l'aide nécessaire à leur réalisation. Il va de soi que cette liste devrait être complétée après élargissement de l'enquête.

De même, le médiateur, comme le collectif d'experts, devrait s'appuyer sur des correspondants départementaux, lesquels, constitués en réseau arborescent, à proximité des difficultés et des initiatives quotidiennes, assureraient au mieux la vocation du médiateur et du collectif qui est celle du dialogue, de la prévention et de la recherche de réponses ajustées.

La tâche que vous m'avez confiée m'ayant conduite à relire les textes et à entendre divers acteurs dans le domaine du handicap, j'ai en effet acquis la conviction que le décalage est souvent dramatique entre, d'une part, les principes tels qu'ils évoluent dans cette *troisième phase* de l'histoire moderne du handicap, et, d'autre part, la réalité indigente de leur application. L'effort financier qui sera demandé à tous pour mener à bien ce chantier – lequel, je le répète, me paraît fondamental pour extraire le handicap de son isolement, revitaliser concrètement la démocratie, créer une véritable « citoyenneté partagée » – n'aboutira que si nous parvenons à sensibiliser, informer, former pour placer le débat ouvert par les personnes en situation de handicap au centre de la préoccupation politique. Je me suis bornée, dans cette lettre, à ce seul aspect de votre chantier, mais l'*emploi* aussi bien que les *allocations* sont, comme je l'ai signalé, parmi les urgences qui réclament des approfondissements, suite au Rapport Paul Blanc.

Pour résumer les propositions pratiques que comporte cette lettre, je me permettrai d'insister sur les initiatives suivantes :

1. Convoquer des *États généraux des citoyens handicapés* (pp. 68-75), pilotés par un Comité national « Handicap : sensibiliser, informer, former » (pp. 70-75) : bien que les problèmes de l'emploi (pp. 22, 50-52) et des allocations (p. 22) demeurent des priorités, la formation des soignants et accompagnateurs concerne *tous les handicapés*, tandis que la scolarisation des jeunes (Handiscol compris, pp. 24, 48) ainsi que la sensibilisation et l'information de l'opinion dans son ensemble engagent la *culture politique de la nation* tout entière.

2. Créer la fonction de *médiateur des personnes en situation de handicap* (pp. 80-82).

3. Constituer un *Collectif d'experts* avec trois groupes (p. 82-83) :

a) «Formation et recherche»;

b) «Emploi»;

c) «Structures innovantes».

4. Solliciter votre aide pour le suivi ou la réalisation de quelques *propositions innovantes précises* (pp. 52-57, pp. 83-89).

5. Attirer l'attention sur la *crise de la psychiatrie* française (pp. 65-67).

6. Envisager un *plan d'urgence* pour des personnes souffrant de *polyhandicaps* (p. 45).

Je vous assure que j'ai rédigé cette lettre dans l'esprit de Diderot écrivant : «Je vous donne ma parole d'honneur que je ne vous ai rien dit que d'après mon expérience», et je vous prie, Monsieur le Président de la République, de la recevoir comme l'ébauche rapide et provisoire d'une investigation plus vaste, laquelle, jointe à d'autres approches spécialisées, mérite d'être menée afin d'amorcer la révolution culturelle dont a besoin la réussite de votre chantier.

P.-S. J'ai bénéficié, pour ces appréciations et propositions, des témoignages et avis de plusieurs spécialistes, collègues et amis, parmi lesquels le Professeur Yves Agid, le Docteur Moïse Assouline, Madame Nelly Bass, Madame Jocelyne Bernard, Monsieur Pierre Bétrémieux, Monsieur Hamou Bouakkaz, Madame Janine Cayet, Madame Marie-Christine Clément, Madame Christiane Drouillet, Monsieur Philippe Duban, Monsieur Driss El Kesri, Madame Françoise Félicité, Monsieur Charles Gardou, le Professeur Bernard Golse, le Docteur Michèle Pestre, Madame Martine Rosati, Madame Nicole Saint-André, le Docteur Roger Salbreux, Madame Simone Sausse-Korff, Monsieur Henri-Jacques Stiker et beaucoup d'autres, avec lesquels j'ai partagé ma propre expérience et cette réflexion sur le handicap. Redevable à leurs paroles, à leurs écrits et à leurs pensées, j'espère m'en être faite ici rien d'autre que le «passeur» obligé et reconnaissant.

Recevez, Monsieur le Président,
l'expression de ma considération solidaire.

Julia Kristeva
le 22 novembre 2002.

Impression réalisée sur Cameron par
Bussière Camedan Imprimeries en avril 2003.
35-57-1808-1/02. ISBN 2-213-61608-6.
Dépôt légal : avril 2003.
N° d'édition : 34233. N° d'impression : 031702/1.
Imprimé en France